****

****

****

****

****

****

****

****

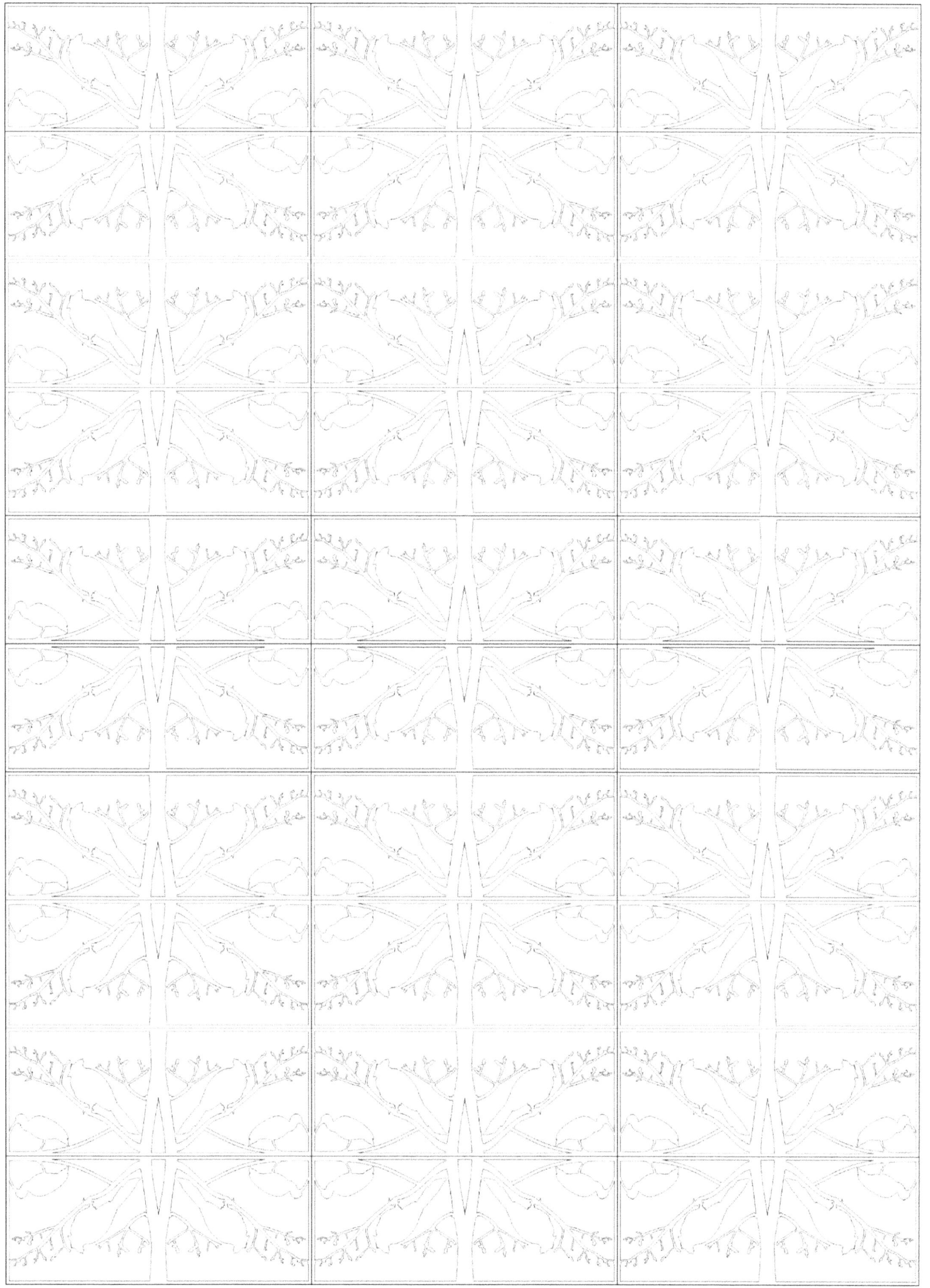

****

****

****

****

****

****

****

****

****

****

****

****

****

****

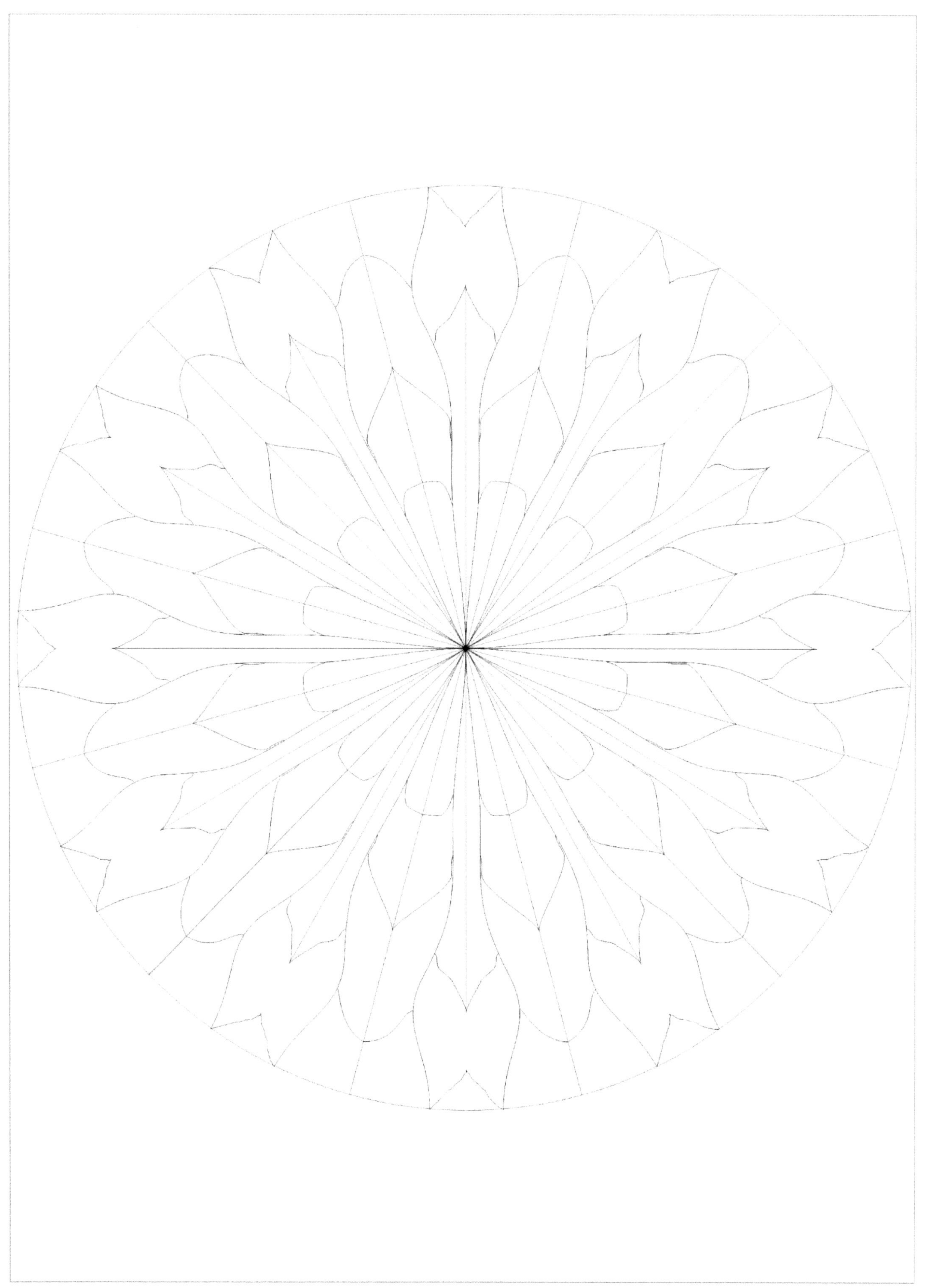

****

****

****

****

****

****

****

****

****

****

****

****

****

****

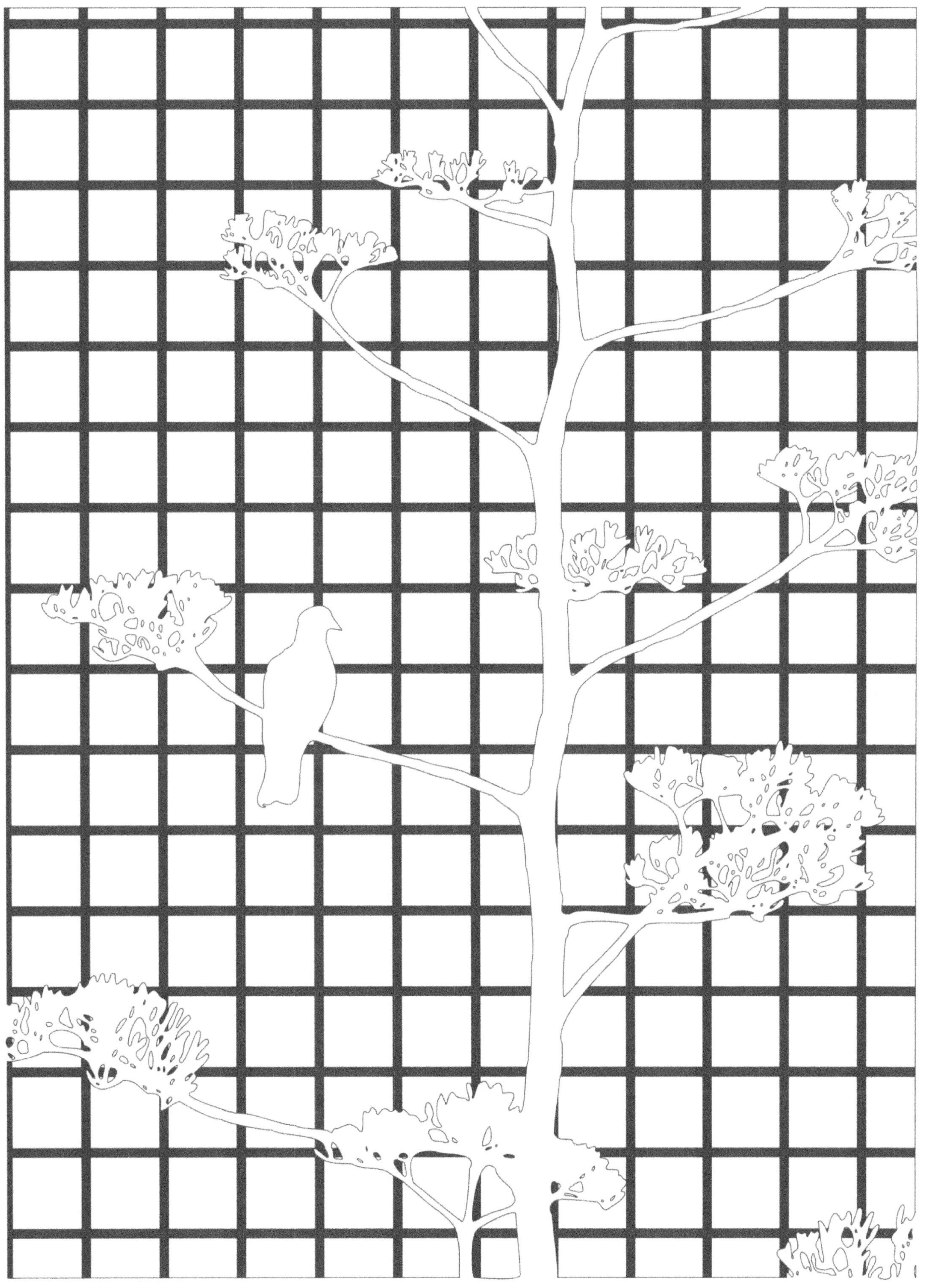

****

****

****

****

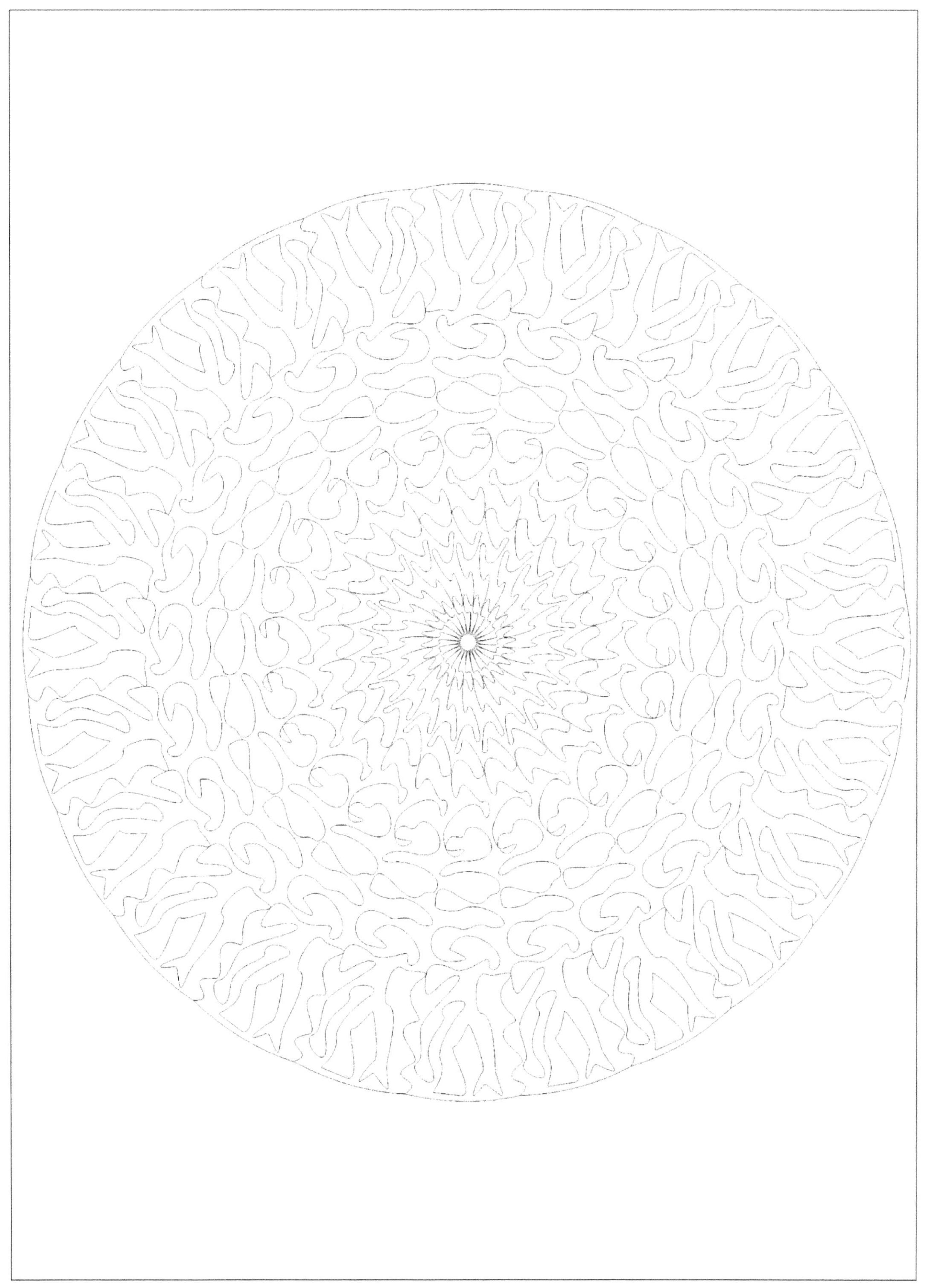

****

****

****

****

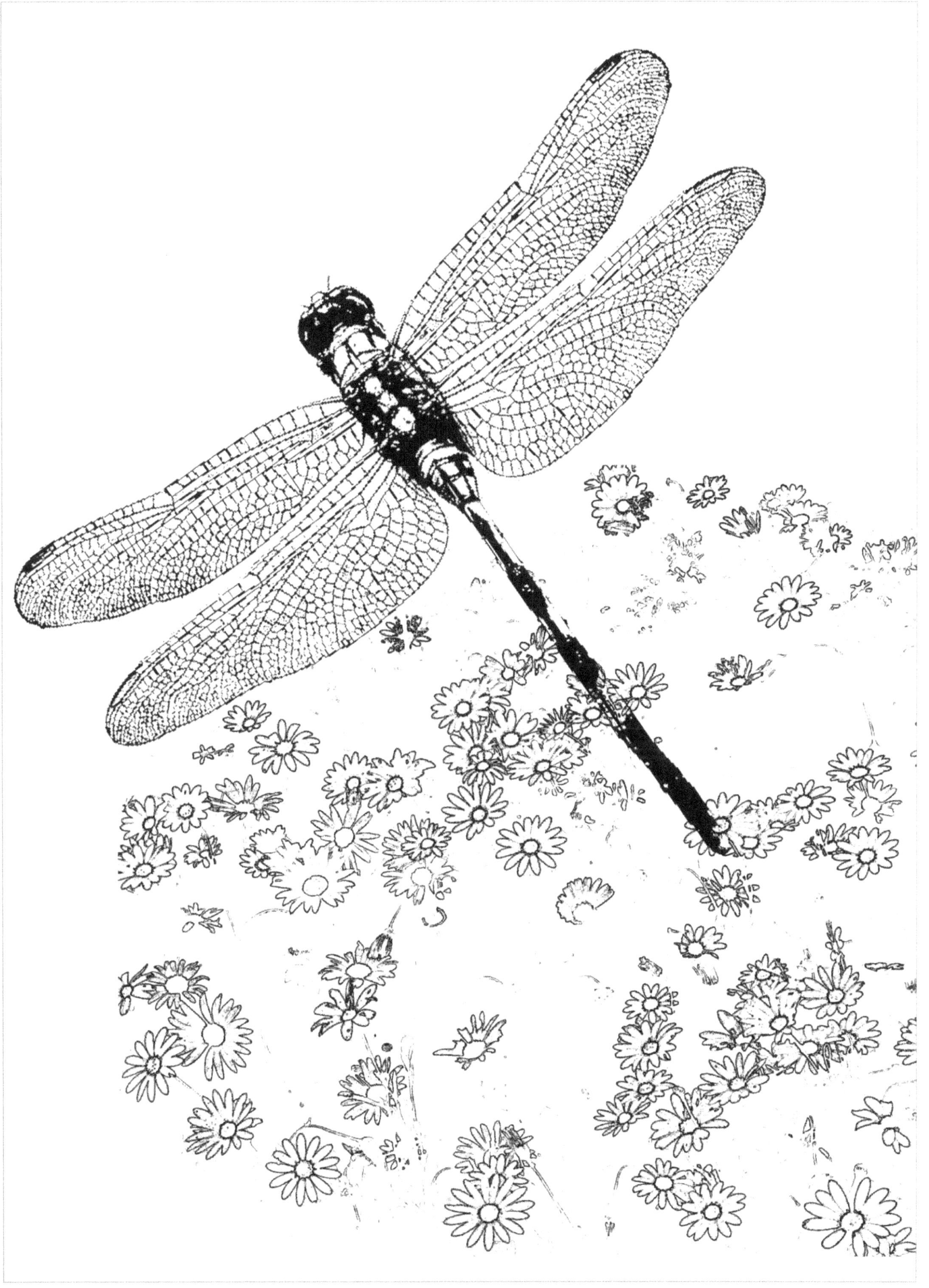

****

****

****

****

****

****

****

****

****

****

****

****

****

****

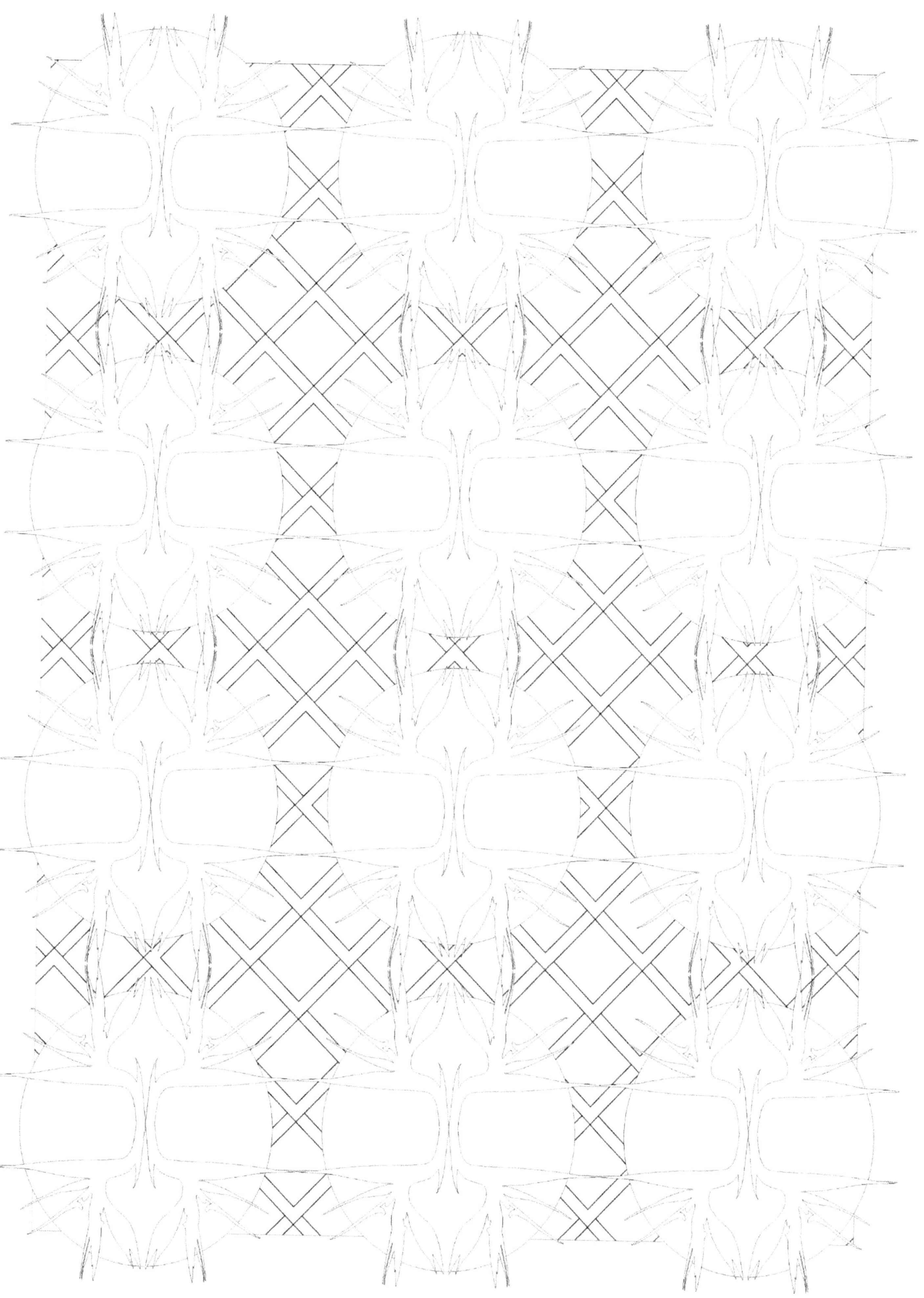

****

****

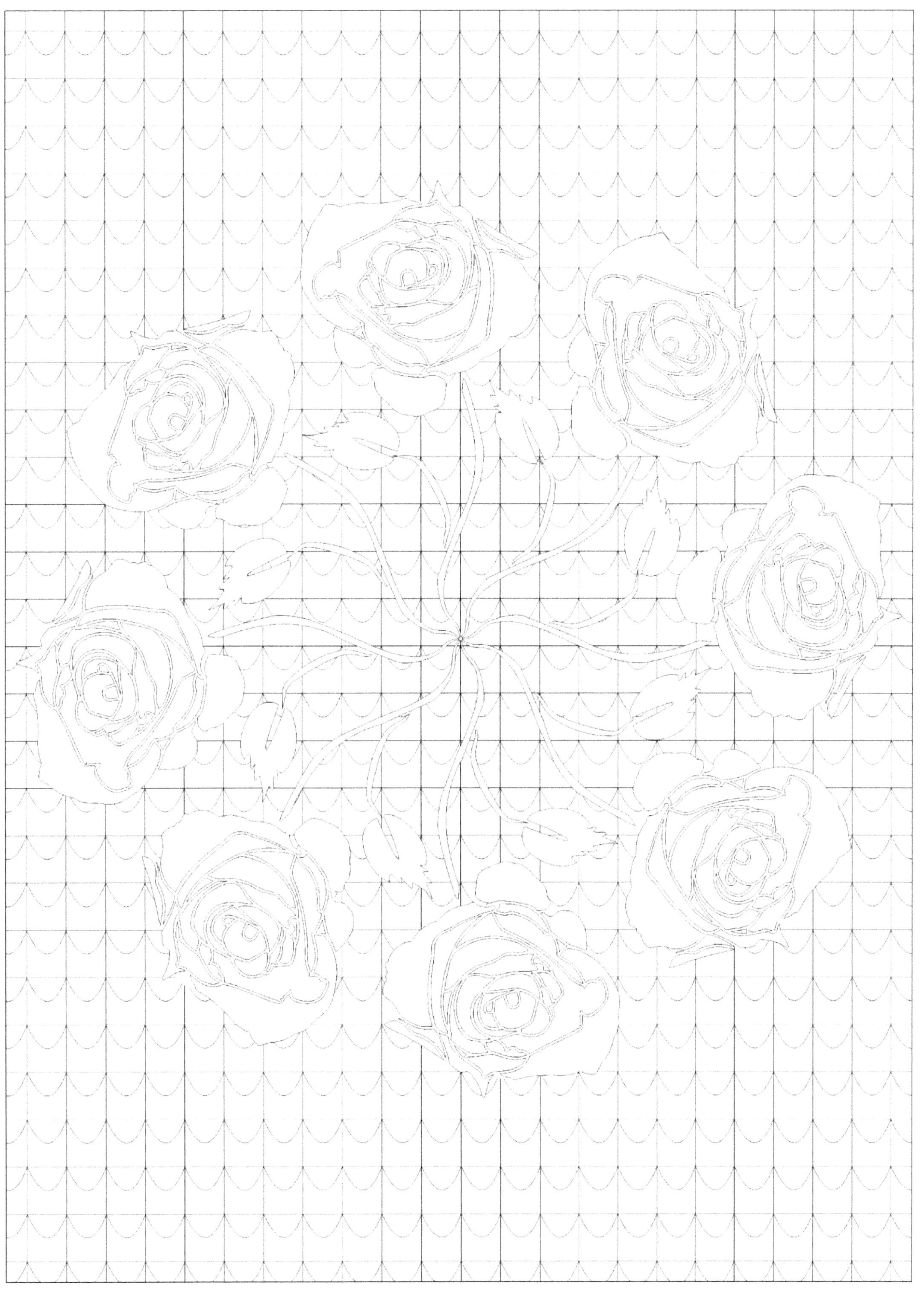

****

****

****

****

****

****

****

****

****

****

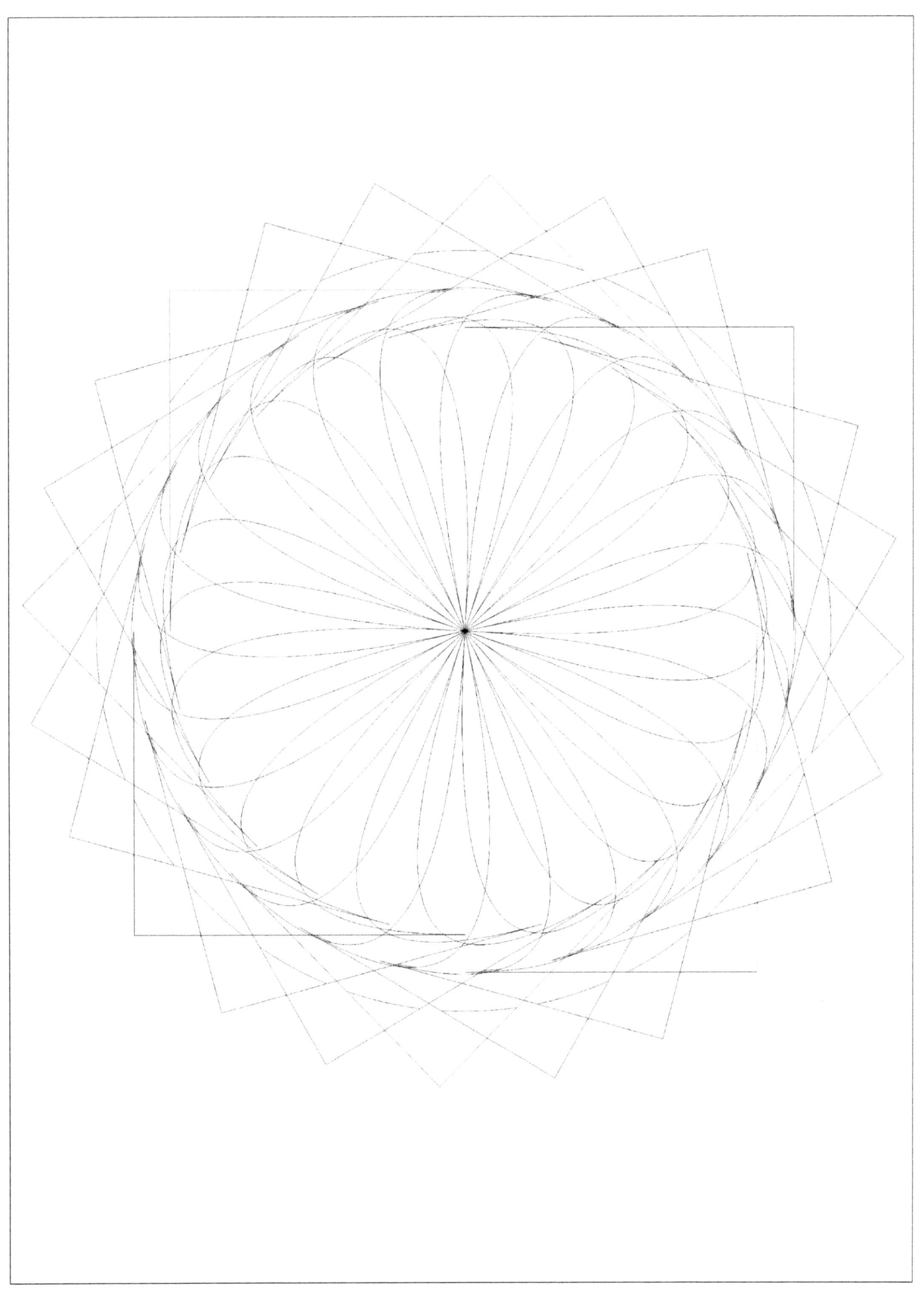

****

****

****

****

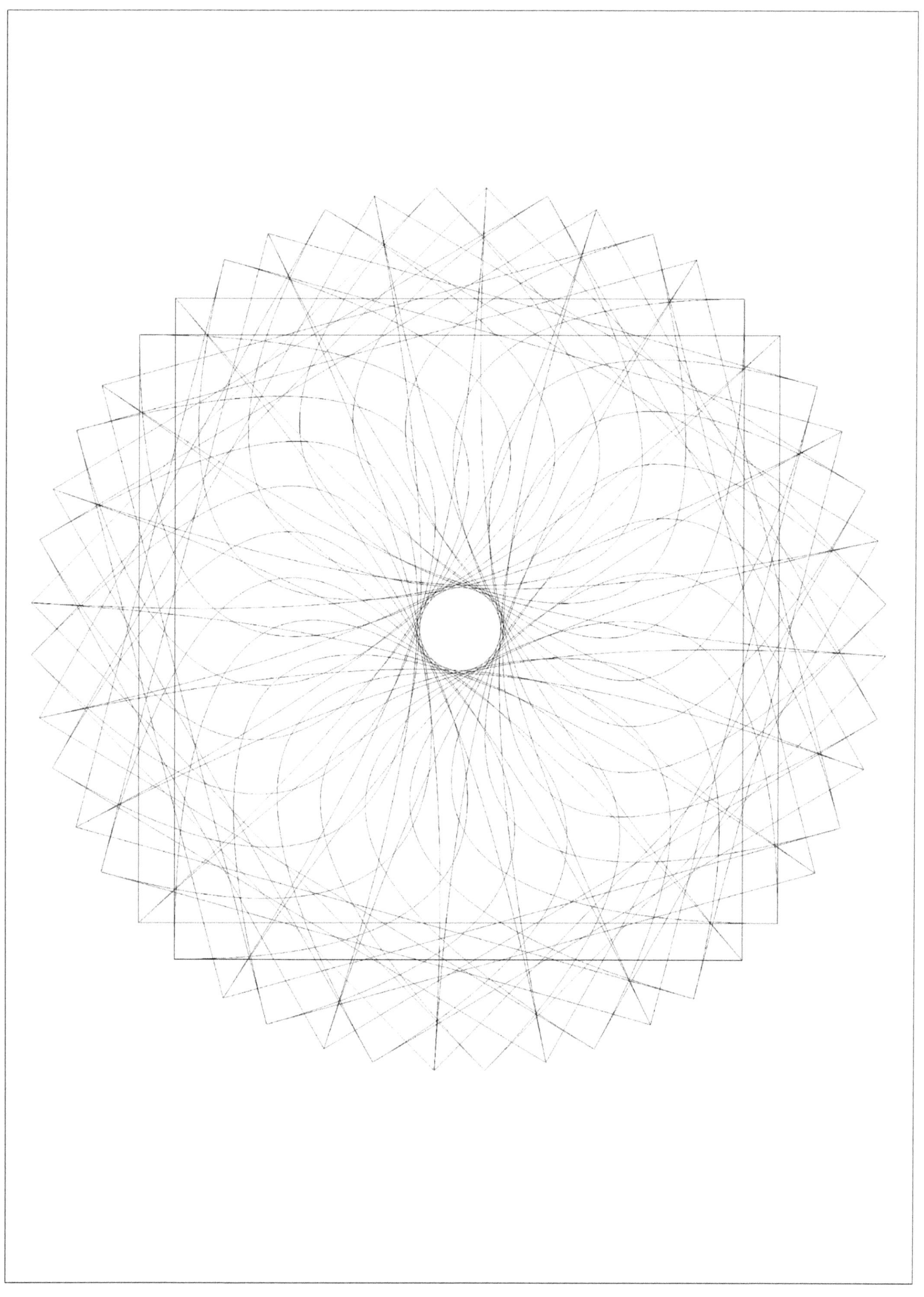

****

****

****

****

****

****

****

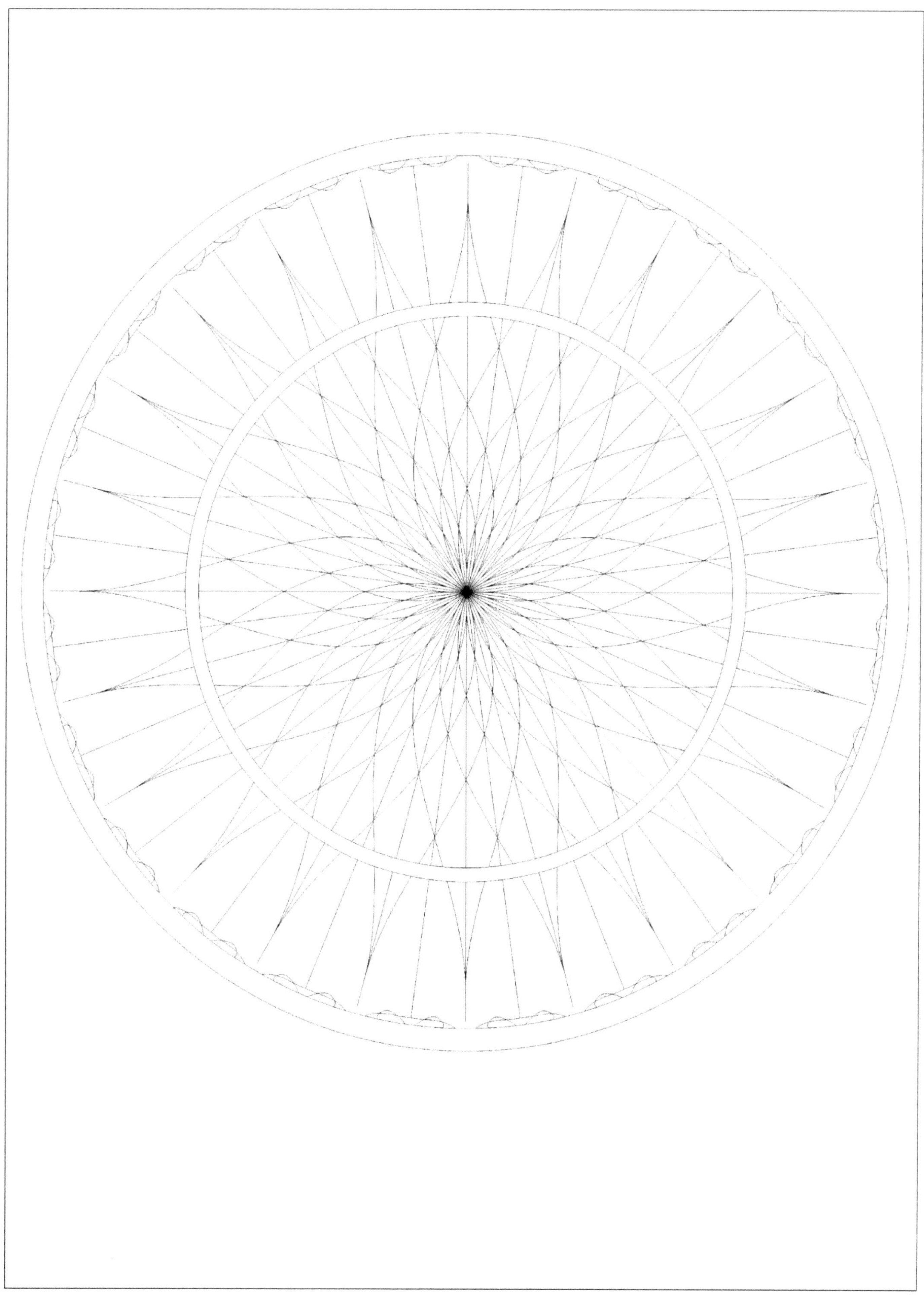

****

****

****

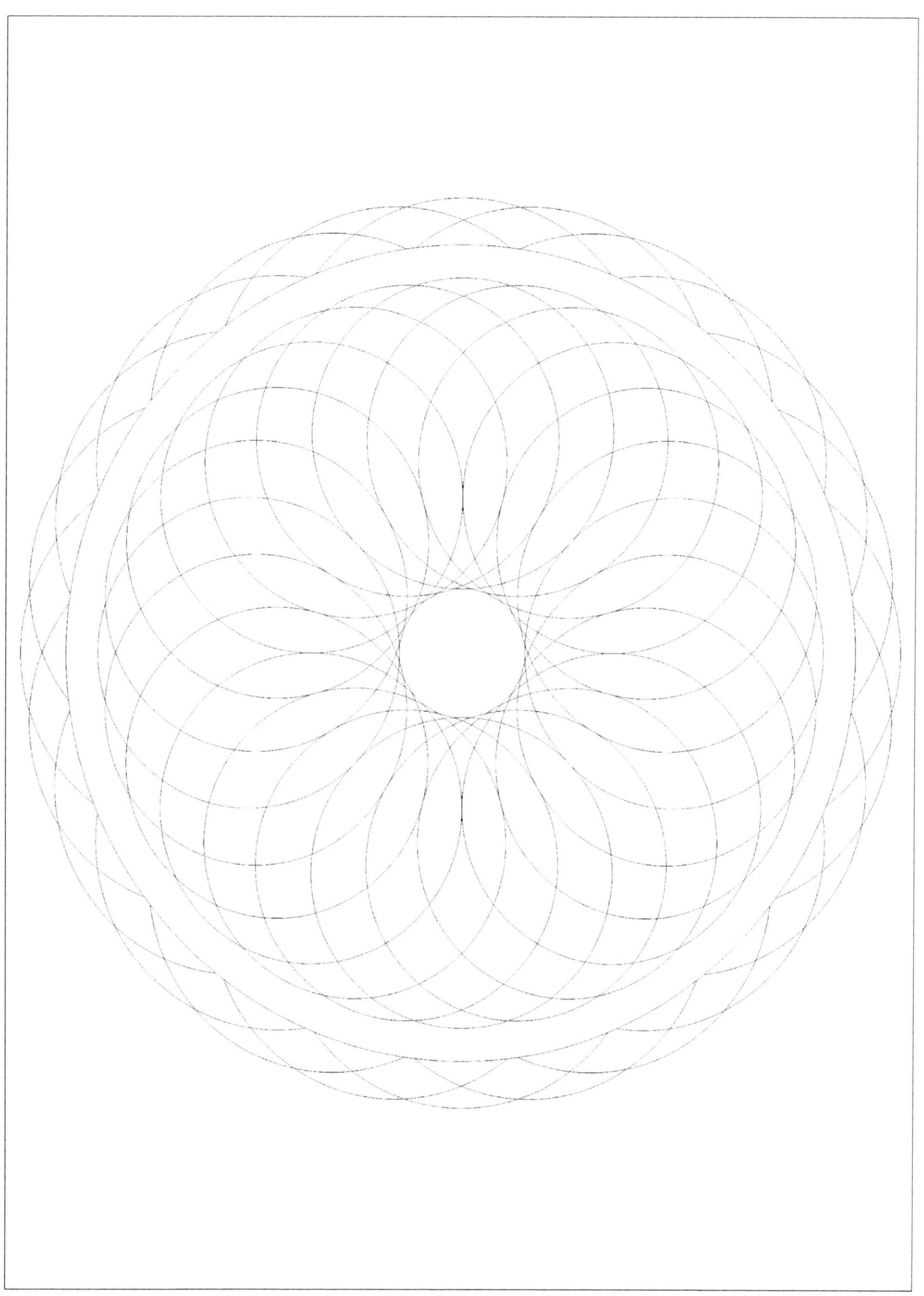

****

****

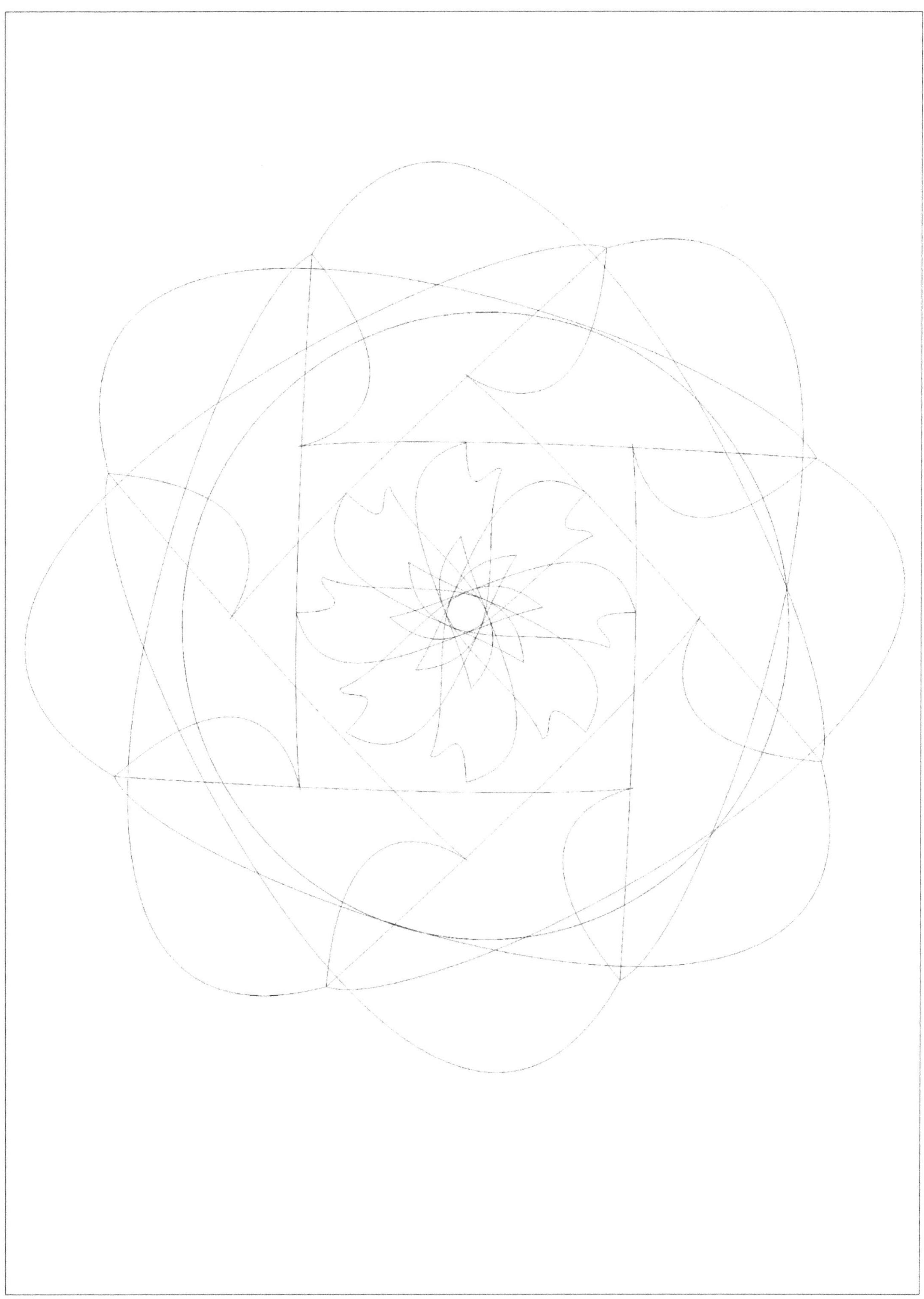

****

****

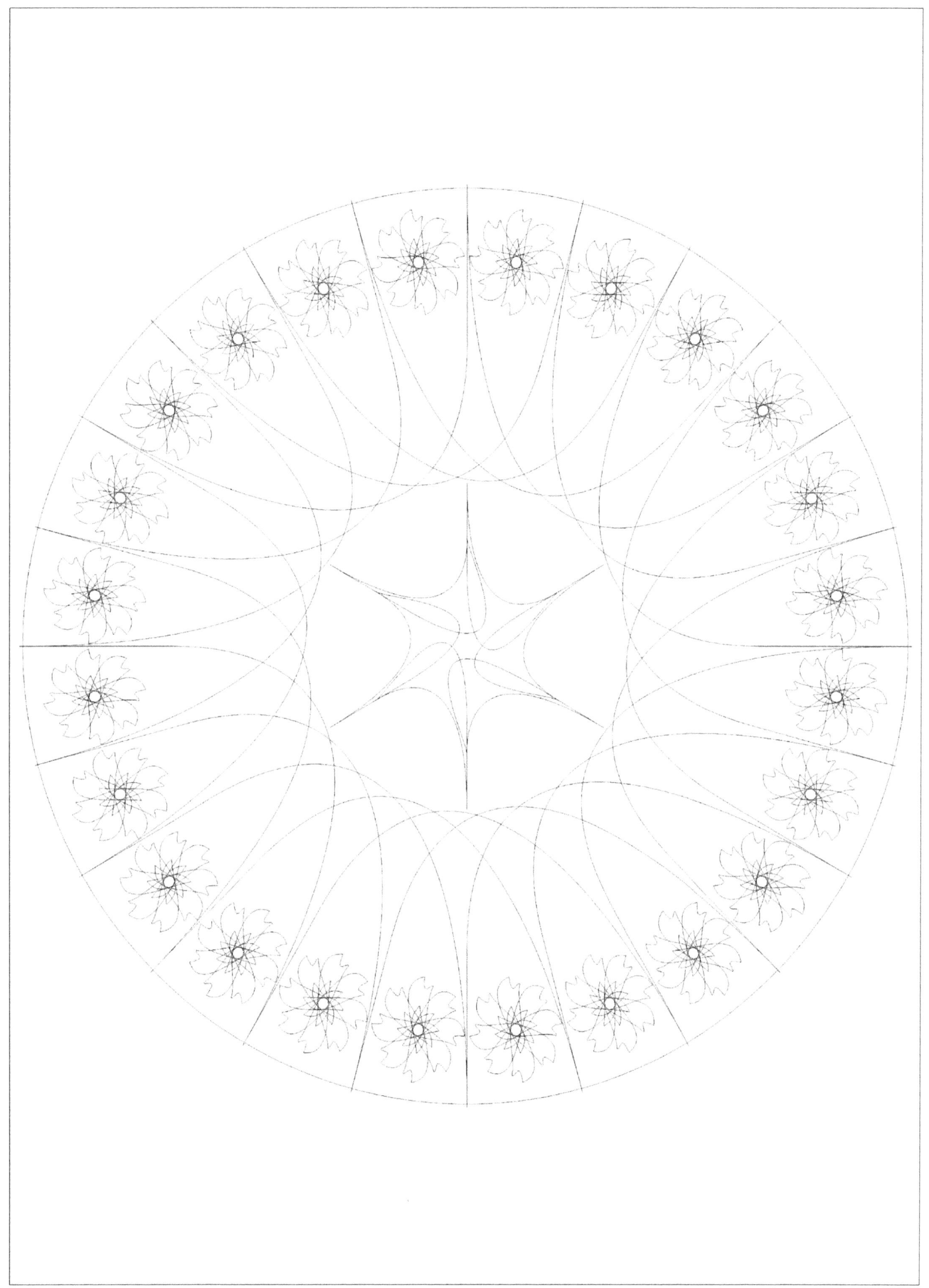

****

****

****

****

****

****

****

****

****

****

****

****

****

****

****

****

****

****

****

****

****

****

****

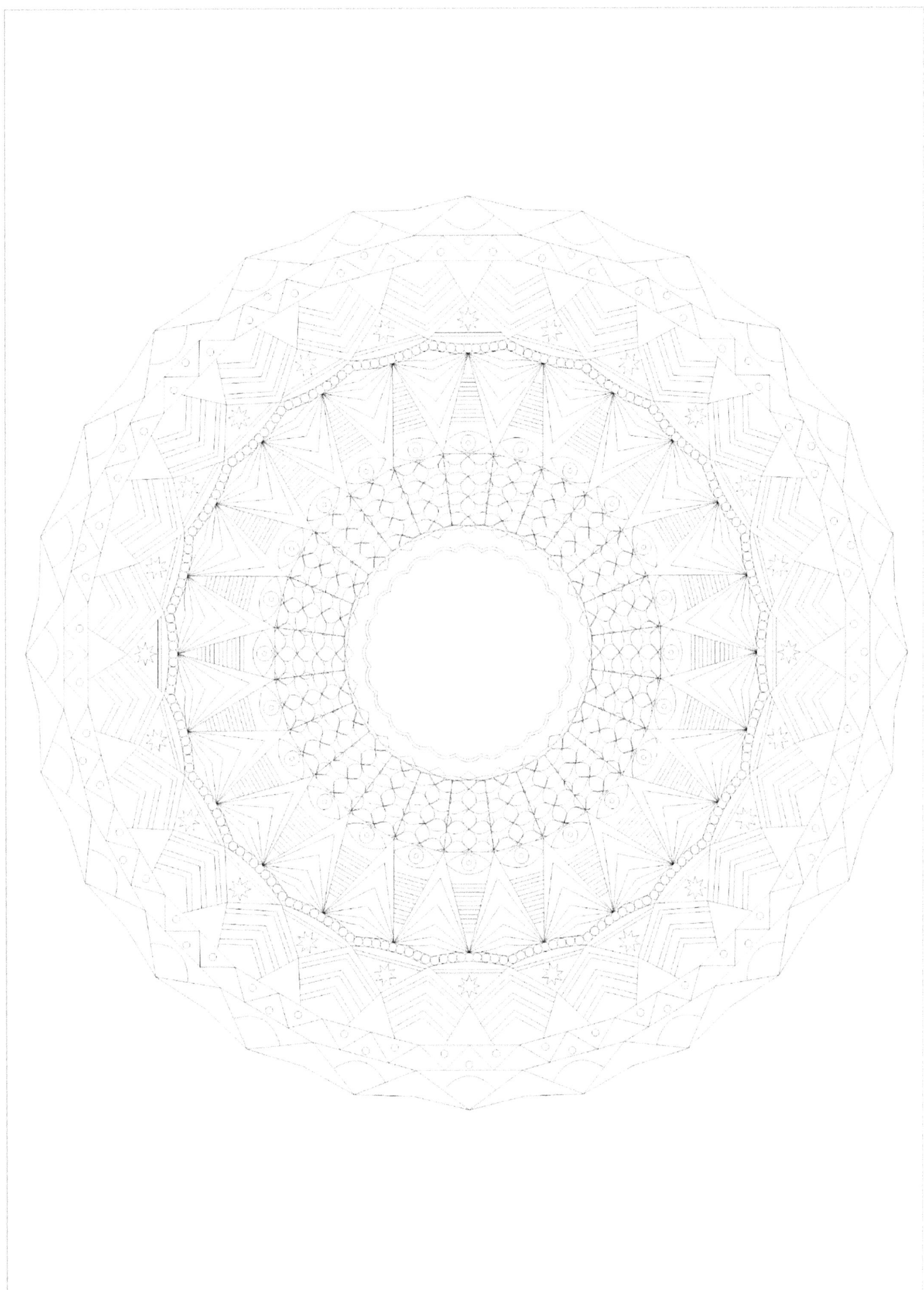

****